"一带一路"上的
传奇人物（上）

YIDAIYILU SHANG DE CHUANQI RENWU

丛书主编 / 王义桅
分册主编 / 李妍　王峻峰

新世界出版社
NEW WORLD PRESS

图书在版编目（CIP）数据

“一带一路”上的传奇人物. 上 / 李妍，王峻峰分册主编. --北京 : 新世界出版社，2017.8（2019.6重印）
（“一带一路”读本 / 王义桅主编）
ISBN 978-7-5104-6393-8

Ⅰ. ①一… Ⅱ. ①李… ②王… Ⅲ. ①历史人物－列传－世界－少儿读物 Ⅳ. ①K811-49

中国版本图书馆CIP数据核字(2017)第212587号

“一带一路”上的传奇人物（上）

作　　者：李　妍　王峻峰
责任编辑：曲衍立
责任印制：王宝根　章莹莹
出版发行：新世界出版社
社　　址：北京西城区百万庄大街24号(100037)
发 行 部：(010)6899 5968　(010)6899 8705（传真）
总 编 室：(010)6899 5424　(010)6832 6679（传真）
http://www.nwp.cn
http://www.nwp.com.cn
版 权 部：+8610 6899 6306
版权部电子信箱：nwpcd@sina.com
印　　刷：合肥华云印务有限责任公司
经　　销：新华书店
开　　本：787mm×1092mm 1/16
字　　数：65千字　　印　　张：4.5
版　　次：2017年8月第1版　2019年6月第2次印刷
书　　号：ISBN 978-7-5104-6393-8
审 图 号：GS（2018）3697号
定　　价：13.50元

我们与收入本书的作品（包括图片、画作）的作者进行了广泛联系，得到了他们的大力支持。对此，我们表示衷心感谢。但仍有部分作者，未能联系上。烦请作者与我们联系，以便支付稿酬。

前　言

同学们，今天，如果你们去欧洲、非洲的国家旅游，会选择什么样的交通工具呢?

是飞机，是火车，还是豪华游轮?

不管选择哪一种，便捷高效的交通，都将远在天边的国家，变得似乎近在咫尺，也将我们的地球，变成了一个地球村。

但是，你们有没有想过，在古代，陆上丝绸之路上黄沙漫天，马儿和骆驼驮着我们的使者，一步步走向西域；海上丝绸之路上海浪翻滚，水手驾着木质的帆船，乘风破浪，历尽千辛，驶向遥远的彼方。在他们眼里，世界是那么大，路途是那么远。

是什么，让他们勇于踏上征程?他们的行囊里有什么珍贵宝藏?遥远的国度又是何等模样?

是什么，让他们拍手称奇，让他们停下脚步，沉醉在异国他乡?

又是什么，跟随着西去东来者的脚步，在异国他乡留下自己的印记，又或是落地生根，盛开文明之花?

这套书会一一为你解答。

漫漫丝路，孕育的不仅仅是一片片繁荣的乐土，还有“和平合作、开放包容、互学互鉴、互利共赢”的丝路精神。放眼今日，也许曾经喧闹的商路已经变得人迹罕至，也许曾经繁华的市镇已经变了模样，但是丝路精神，依旧长盛不衰，源远流长。它融进了21世纪“一带一路”的建设中，为古代丝绸之路注入新的活力。

假期伊始，我们的小主人公洋洋和丫丫，跟随着博学多识的卡尔叔叔，开启了一段别开生面的丝路之旅。爱好阅读的洋洋，这次不仅要读万卷书，也要行万里路了！对世界充满好奇的丫丫，在沿途又会有什么新的发现呢？

快和我们的主人公一起，去探访丝路上的秘密，看看古代丝路商旅、使者眼中的世界，感受这条千年商路的变迁。在图文并茂的阅读体验中，开阔眼界，增长知识；在“知识链接”的帮助下，排疑解难，加深理解；在“课后思考”的指引下，深入思考，探寻真知。

还等什么，快打开这本书吧！

目录

引　言

又到了炎炎夏日，卡尔叔叔带着丫丫和洋洋，来到乡间的老屋避暑。

夜色渐深，鸟儿早已躲进巢（cháo）中做起了美梦，虫儿偷偷钻入草丛唱起了歌谣。弯弯的月儿，害羞地拿云朵遮住脸，又悄悄洒下几缕（lǚ）银辉，给大地披上一层薄（báo）薄的轻纱。几颗微亮的星星点缀（zhuì）在天边，让夜空显得更加神秘和美丽。

大家躺在院子里的摇椅上乘凉，一边享受着习习凉风，一边聊着天。

“洋洋，我想起上次的寻宝旅行了。”丫丫突然站了起来，说道。

“上次旅行确实好有趣！咱们坐了大帆船，骑了骆驼，走了好远好远的路，最重要的是，见识了好多好多的宝贝！”洋洋把头扭向丫丫，“我们不是还带了一些回家吗？”

“是呢，我可把宝贝都好好收起来了！”丫丫得意地昂了昂头，又说道，“不过，我还是对丝绸之路非常好奇！”

丫丫想了想，跑到卡尔叔叔身边，摇着他的手臂说：“卡尔叔叔，我们都睡不着觉，您再给我们讲讲关于‘一带一路’的事情吧！”

卡尔叔叔摸了摸丫丫的小脑袋，缓缓地说道：“难得你们对‘一带一路’这么感兴趣。那么从现在开始，每天晚上我给你们介绍一位‘一带一路’上的伟大人物，带你们领略他们的传奇人生！”

“太棒了！”丫丫和洋洋都兴奋地欢呼起来。

第一课　拉开丝绸之路的序幕——张骞(qiān)

西汉时期，张骞接受汉武帝的命令，出使西域。目的是寻找被匈（xiōng）奴人赶出家园的月氏（zhī）人，联合他们共同抗击匈奴。

张骞带领着一百多人的队伍，从长安出发，到达陇（lǒng）西后离开边境。

他们来到了美丽的河西走廊（láng）——连绵群山间长达千里的绿色长廊。这里天高云淡，风景壮丽，是月氏人的故乡。两旁的高山上堆积着厚厚的白雪，融（róng）化的雪水从山上流下，汇合成一条条小溪，缓缓流过平坦的大地，滋养着一片片树林、草地，哺育着一群群骏马、牛羊。

张骞和出使队伍踏上征途

知识链接

长安——今陕西西安。

陇西——西汉陇西郡，包括今甘肃兰州、天水、定西等市的部分地区。

河西走廊——中原通往西域的要道，位于甘肃省西北部，长约一千公里，宽数公里至近两百公里，为西北—东南走向的长条形堆积平原，因位于兰州处的黄河以西，被两山所夹，故名。

南越——秦朝灭亡的动乱时期，在原秦朝南海郡基础上建立的一个政权，疆域在今广东、广西等地区，存在九十多年后被西汉所灭。

见到这样的美景，张骞一行人不由得对前方充满了期待。

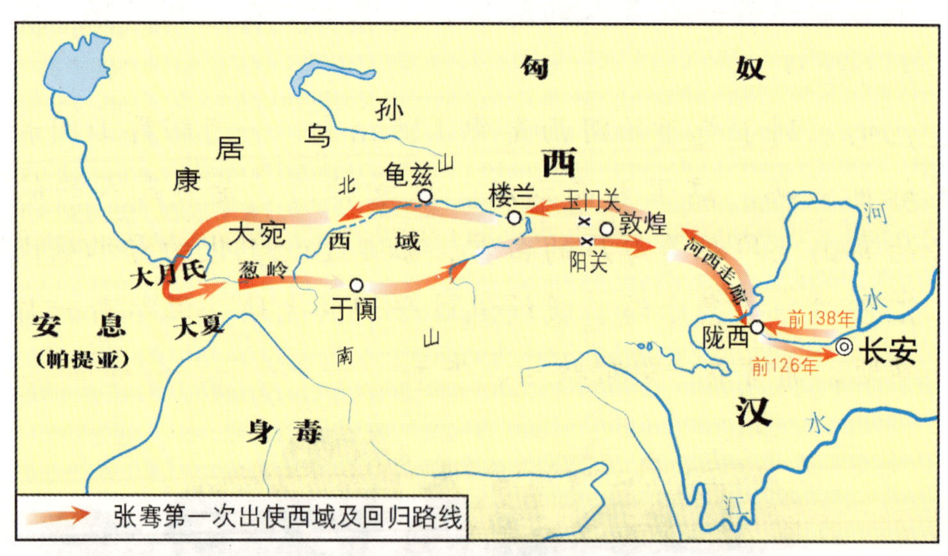

张骞第一次出使西域路线

然而他们的运气太差了，没过多久，就遇到了匈奴的骑兵队，所有人都被抓住了。

匈奴的首领被称为单（chán）于，他扣下张骞，说道：“汉朝怎么可以派使者去月氏呢？南越与你们汉朝不和，要是我们派使者穿过汉朝去南越，你们会允许吗？”

放牧的张骞

就这样，张骞不得不留在了匈奴，整天在草地上放羊牧马。

为了消磨张骞的意志，匈奴人给张骞娶了个匈奴妻子。张骞和她组建了家庭，还生下了孩子。匈奴人以为这样一来，张骞就会老老实实地待下来了。但张骞从没有忘记过自己的使命，一直保留着汉朝使者的凭证，寻找着逃离的机会。

整整过了十一个春秋，匈奴人才放松了对张骞的看管，张骞趁（chèn）机带着随从堂邑（yì）父一起逃走了。他们一边探访月氏的消息，一边躲避匈奴的追捕。为了安全，他们经常往荒无人烟的地方跑。

他们一路向西，逃进了荒凉的戈壁。这里只有光秃秃的石头，硌（gè）脚的沙砾（lì）和刺眼的阳光。稀稀拉拉的半枯草堆

里，时不时地蹿（cuān）出一两只受惊的田鼠、兔子。好在堂邑父射得一手好箭，常常将它们猎杀。他们靠这些猎物充饥，才没有倒在荒滩上。

他们备好饮水和干粮，走进了茫茫的沙漠。太阳像一个巨大的火球，一刻不停地释放着热量，炙（zhì）烤着大地。起伏的沙丘，像滔滔的海浪，向无穷的远方涌去。呼啸（xiào）的旋风里，金色的沙粒回旋游荡，看似优雅（yǎ），扑到脸上时，却像烧得通红的铁花，烫得人生疼。

他们又踏上高原，登上了皑（ái）皑的雪山，放眼四处，只有白茫茫一片，时间久了，就不知眼睛看到的是什么了。寒风刺骨，痛如刀割。冰雪里的双脚，早已没有了知觉，但他们心中有着坚定的信念，这信念支撑着他们一步步前行。

当一片美丽的绿洲和一条宽阔的大河出现在眼前时，他们知道，这里就是大宛（yuān）国，而月氏就在不远的前方了。虽然已经快没力气了，但是他们还是兴奋地欢呼了起来。

高鼻子、蓝眼睛的大宛王，早就听说汉朝是一个富饶（ráo）的大国，很想与汉朝来往。但因为离汉朝实在太远了，一直没办

法联系上。当听说汉朝使者到来时，他十分高兴，亲自在国都热情地接待张骞，还请张骞参观珍贵的汗血宝马。

大宛王接见张骞

宾主尽欢时，大宛王向张骞问道："你想到哪儿去？"

张骞说："我奉命出使月氏，却被匈奴拦住去路。如今逃出了匈奴，希望大王派人带领我们去月氏。若真能到达月氏，等我归国，汉朝定会赠送给大王用言语都说不尽的财物。"

大宛王被说动了，就派向导和翻译，带张骞去了康居国。康居王又把他送到了月氏人那里。

这时候，月氏人在新国王的带领下，占领了大夏（xià）人的一片土地，建立了大月氏王国。这里土地肥美，物产丰富，而且很少有敌人侵犯，月氏人过得安适快乐。月氏人也许是因为奔逃太久，太舍不得来之不易的安定生活，已经没有向匈奴报仇的想法了，又认为自己离汉朝很远，和汉朝一起攻打匈奴没有好处，无论张骞怎么劝说，都说服不了他们。

无奈之下，张骞只好在当地考察风土人情。他四处询问、观察，了解了西域有什么名山大河，人们有怎样的风俗习惯，各国有哪些物资特产。他还了解了各个民族的历史、文化和他们相互之间的关系。张骞觉得，这里真是一片美丽的土地。

一年多后，张骞踏上了回国的行程。没想到还没回到长安，就又被匈奴人抓走了。这一抓又是一年多。后来张骞趁着匈奴人内讧（hòng），终于带着自己的匈奴妻子和堂邑父逃回了长安。

张骞归来

张骞将自己十三年的经历报告给了汉武帝。汉武帝听了十分高兴，封张骞为太中大（dà）夫。

张骞这次出使，虽然没能说服月氏联手攻打匈奴，但是带来的影响却很大。他的出使，让中原王朝第一次与西域各国建立了联系。而且，他带来的西域的信息，激发了汉武帝开疆拓土的雄心，为丝绸之路的开辟（pì）埋下了伏笔。

这以后，汉武帝经常向张骞问起西域各个国家的事情。后来张骞随军出征，立了大功，被封为博望侯（hóu）。

一次，张骞对汉武帝说：“我在匈奴时，听说了匈奴西边的一个小国乌孙的事情。乌孙被匈奴占领后，又从匈奴脱离了出来，在乌孙王带领下向西迁移到了远方。如果我们去联系他们，说服他们搬回故乡，同汉朝结为兄弟之邦，就相当于砍断了匈奴的右臂。而

乌孙西边的大夏等国都可以成为汉朝的属国。”

汉武帝认为张骞的话很有道理，就任命他为中郎将，让他率领三百人再次出使西域。

张骞一行每人带着两匹马，还带了几万只牛羊和价值千万的丝织品，踏上了行程。每到一个国家，他们一边赠送珍贵的礼物，一边宣扬、传播汉朝的文化。

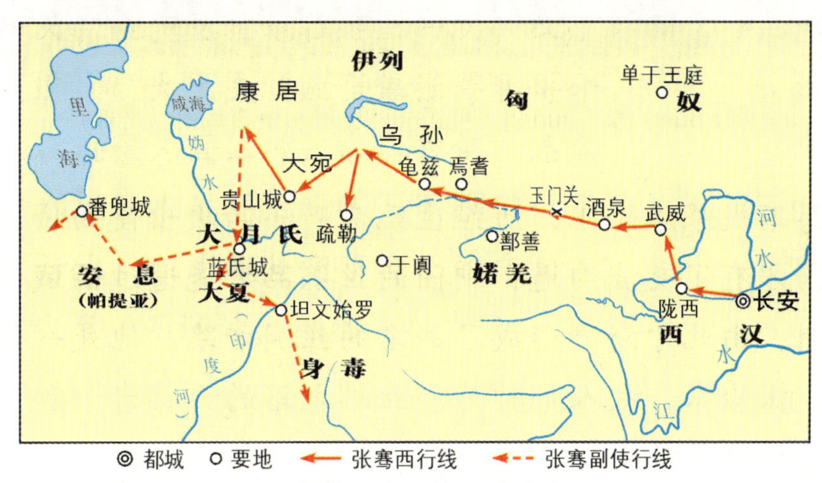

张骞第二次出使西域路线

当张骞千里迢（tiáo）迢地赶到乌孙时，乌孙却因为内乱分裂了。有的乌孙人觉得应该回到故乡，抗击匈奴，为祖先报仇；有的乌孙人害怕匈奴，又不了解汉朝，不敢迁移。乌孙王的威信因为内乱大大降低，他没有办法统一人们的意见。张骞见状，只好派遣（qiǎn）副使出使大夏等国，与他们加强联系。

在乌孙使者的护送下，张骞带着西域各国赠送的宝马、胡桃、石榴（liu）、胡豆、苜（mù）蓿（xu）等特产回到了长安。乌孙的使者看到汉朝的强大富饶，回去报告了国王，乌孙就越发看重汉朝了。

过了一年多，去沟通大夏等国的副使，也纷纷带着各国使者一同回到了汉朝。从此，西域各国与汉朝的交往越来越密切，丝绸之路的序幕也由此揭开。

敦（dūn）煌（huáng）壁画——张骞出使西域图（局部）

张骞不畏艰难险阻，历经生死考验，两次出使西域，汉朝与西域各国才有了交流沟通，中国的丝织品才能通过西域传播到西亚和欧洲，由此才渐渐形成了著名的丝绸之路。他是一位伟大的外交家、探险家，被人们称为“丝绸之路的开拓者”和“第一个睁眼看世界的中国人”。

课后思考

1 认真地看一看张骞首次出使西域的路线图，你知道张骞走的是哪一条路吗？试着找出那些地名吧！

2 为什么说张骞是“丝绸之路的开拓者”？

第二课　击匈奴、通西域、开丝路的一代雄主——汉武帝

汉武帝刘彻当上皇帝的时候才16岁，与现在的中学生一样大。这时的汉朝已经建立了60多年，经过前几位皇帝的精心治理，汉朝已经不像当初那样穷困，成了一个富有的国家。

年轻时的汉武帝

刘彻从小就很聪明，记忆力好，求知欲强。他特别喜欢阅读古代圣人帝王的事迹，并立下志向，要像他们一样做一个伟大的人。在即位后，他定下了治理天下的目标，但在当时的北方，汉朝存在一个强大的对手——匈奴。

匈奴牧民看着被冻死的绵羊而大哭

匈奴是一个游牧民族，据说他们也是黄帝的后裔（yì）。他们在草原上不停地搬家，到处赶着牲畜，这里的草吃完了，就赶去另一片新鲜的草地。但是牧草的生长完全依靠老天爷，只要遇到干旱、雪灾，牲畜就会被饿死、冻死，他们也就会吃不饱、穿不暖。有时候，他们会用马匹在汉朝边境交换粮食、衣物和器具；有时候，干脆就动手抢。

为了和平，汉朝送给匈奴礼物，把公主嫁给匈奴单于，但这并没有让匈奴人感到满足。汉武帝对这种忍气吞声的做法，感到愤怒极了，他发誓（shì）一定要报仇雪恨。

汉武帝不是个冲动的小伙子，不会一怒之下就找人拼命。他知道匈奴人擅（shàn）长骑马，每个人都是优秀的骑兵，他们没有城堡，也没有防线，抢了就跑，非常难缠，要击败他们，需要动一动脑筋。

恰好几名匈奴俘（fú）虏（lǔ）带来了一个消息，在河西走廊，有一个月氏国，被匈奴人赶出了家园，逃往了西域。汉武帝与大臣一商量，想到了一个好计策。这个计策就是：联合月氏，一同对付匈奴。汉武帝找到了张骞，派他去联络月氏人。

为了让这个计划进行得顺利，汉朝继续与匈奴保持和平。但在暗地里，汉武帝派人收集粮草，积极练兵和养马。

不过没过几年，汉武帝制订了一个计划，想要杀死匈奴的军臣单于，可惜计划失败了，汉朝和匈奴就正式开战了。

知识链接——马邑之谋

公元前133年，汉朝在汉武帝的主张下开始实施这项计划。当时有个富商叫聂（niè）壹（yī），他在边境与匈奴人做生意。他前去诱（yòu）骗军臣单于，说："我可以杀死马邑的县令，然后把整个城池和城中的财物都献给您。"军臣单于听了非常心动，就带领十万大军入塞（sài）。此时三十万汉军已经埋伏好了，只要匈奴军落入埋伏圈就会全力出击，将其歼（jiān）灭。但军臣单于很快就发现不对劲，下令撤军，汉朝的计划也因此失败。

聂壹诱骗匈奴军队

张骞历经千辛万苦，终于在他出发十二年后回来了。他向汉武帝报告说：“月氏人建立了新的国家，已经不愿意回来了。但是西域有大宛、大夏等好多个国家，它们与匈奴的关系说不上友好。我们可以与它们结交。”

汉武帝听完，十分心动：若能得到这些国家的拥戴，让它们归附汉朝，那么就可以扩大万里国土，招引不同风俗的人民，让汉朝的声威和恩德传遍四海。

于是他认真地向大臣们问道：“现在我们在北方与匈奴交战，去往西域的路被匈奴霸占着，大家还有别的办法联系西域吗？”

张骞在大夏的时候，看见过中国蜀（shǔ）地出产的竹杖和绸布。当地人说，是从大夏东南方的身毒买来的。张骞估计身毒离蜀地不远，就提议可以先从蜀地前往身毒，再到大夏。

汉武帝很高兴，认为张骞的建议很有道理，就派使者从蜀地出发，去探寻通往身毒和大夏的道路。

但是汉朝使者被西南夷（yí）拦住了，有的被抢，有的被杀。汉武帝生气极了，发兵攻打西南夷。西南到处都是云雾缭（liáo）绕的山岭、密不透风的森林，毒蛇猛兽随时出没。许多部落的人，就像猴子般躲在树林里偷袭（xí），对付他们，比对付凶猛的匈奴骑兵还麻烦。

知识链接——猎鹿铜扣饰

此物出土于云南晋宁石寨山古滇（diān）国墓地。猎者长衣短裤，赤足，左手抓鹿颈，右手举剑欲刺；鹿张口嘶鸣，企图挣脱。从中可看出西南夷对丛林生活的适应。

猎鹿铜扣饰

不过汉军克服了困难，征服了西南夷的各个小国。但汉朝使者又被昆明阻挡住了。汉武帝又组织了几万人的军队，去攻打昆明。昆明虽死伤了几万人，却依旧阻拦汉朝使者。汉武帝忙着在北方攻打匈奴，没有工夫解决西南的事情，最后还是没能开通从西南去往大夏的道路。

知识链接

身毒——汉朝时对印度的称呼。

蜀地——今四川。

西南夷——中国古代西南地区少数民族的总称，分布在云南、贵州、四川西南部和甘肃南部的广大地区。

昆明——中国古代云南的一个少数民族。

汉朝与匈奴的战争一直进行着。汉武帝是个有决心的皇帝，他的将领也各个骁（xiāo）勇善战。名将卫青、李广、霍（huò）去病等对匈奴发起了多次大规模的进攻，终于大破匈奴。汉朝北部的疆域从长城扩张到了漠北，西域的交通也终于畅通了。

汉武帝加强了对西南夷地区的管理，把它们作为西域的后方基地，以保障丝绸之路的畅通与繁荣。

汉武帝又采纳张骞新的建议，派人继续向西探索。一批批的汉朝使者一路走访了西域各国，甚至走到了位于地中海的亚历山

知识链接

卫青——西汉名将，为西汉击破匈奴立下汗马功劳，被封为长平侯。

李广——西汉名将，被匈奴人称为“飞将军”。

霍去病——西汉名将，卫青的外甥（sheng），年少成名，被封为冠军侯，可惜英年早逝（shì），去世时年仅23岁。

大港。

汉武帝非常英明，他对周边少数族群实行招徕（lái）为主、军事为辅的策略。不仅成功开辟了丝绸之路，还保证了丝绸之路的繁荣。从此以后，丝绸之路成了中西交流的一个重要通道。中原的丝绸，还有耕（gēng）作、铸（zhù）铁、打井等先进技术，都通过丝路传播到了中亚。中亚的汗血宝马、石榴等特产也顺着丝路传播到了中原。

很多年后，在各个朝代的不断开拓下，汉武帝未能成功开辟的西南丝绸之路也开通了。它和张骞开拓的北方丝绸之路在阿富汗交会，然后通往欧洲，最终成为亚欧大陆上的经济大动脉。

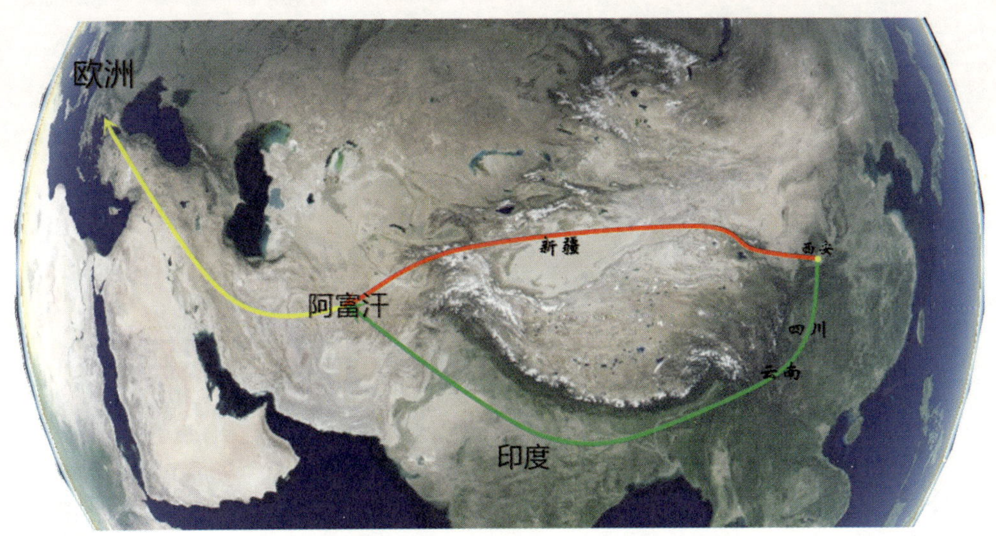

南、北丝绸之路在阿富汗交会

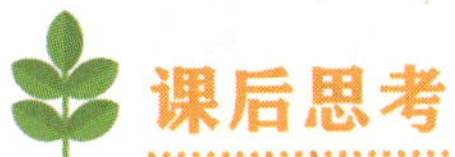

课后思考

1 汉武帝为什么要出兵攻打匈奴？

2 汉武帝为开通丝绸之路做了哪些事情？

第三课　丝路上最美的姑娘——王昭君

公元前33年，南匈奴的呼韩邪（yé）单于归附了汉朝，请求迎娶一名聪慧美丽的汉朝女子为妻，与汉朝永结友好。汉朝皇帝同意了，选中了王昭君去匈奴和亲。

王昭君

王昭君当时是皇宫里的一名宫女。她从小就生得美丽动人，还十分聪明，并且擅长弹奏琵琶。

离开汉宫后，昭君踏上了前往匈奴单于庭（匈奴的王庭，即首都）的出塞之路——草原丝绸之路。早在秦朝以前，这条道路就已经开拓了。它往北可以到蒙古高原和黑龙

昭君出塞路线图

江岸边，往西可以到黑海、地中海的岸边。昭君走的那一段，是秦始皇时期开辟的主干道——秦直道。

昭君出塞

苍凉的大草原，一望无际，渺（miǎo）无人烟。空旷的原野上，只有队伍里的马儿不时发出几声嘶哑的鸣叫。

这时，远方天空飞来一群大雁。它们面朝南方，排着“人”字形的队伍，向着昭君的故乡飞去。

望着南飞的大雁，昭君忍不住想起了当初自己要被送入宫时的情景：父亲紧紧地抓着自己的手，迟迟不愿放开；马车渐渐地远了，回头望时，竟见平时威严的父亲在用袖子擦着眼睛。那一刻，自己明白了父亲对自己深深的爱和期许，发誓一定要过得幸福，要报答家人的恩情。而如今，自己却走向了塞外远方，恐怕此生再难有回到故乡的机会。

昭君心里难过，便拿出琵琶，弹奏起了悲壮的离别之曲。婉转又哀伤的曲调，在草原清冷的微风里，越飘越高，越飘越远。大雁们听到这哀婉的曲调，看到骑在马上的美丽女子，竟忘记了拍动翅膀，纷纷从空中跌了下来。

知识链接

落雁——王昭君的雅称。“沉鱼”“落雁”“闭月”“羞花”是形容我国古代四大美人的词语。其中，“沉鱼”指春秋时期的西施，“闭月”指东汉末年的貂（diāo）蝉（chán），“羞花”指唐朝的杨玉环。后来用“沉鱼落雁”和“闭月羞花”形容女子容貌非常美丽。

昭君到达匈奴后，受到了匈奴人民的热烈欢迎。她与呼韩邪单于完婚后，被封为宁胡阏（yān）氏（zhī），意思是匈奴有了昭君做阏氏（单于的妻子），安宁才有了保障。

热闹的边塞贸易

此后的几年时间里，汉人和匈奴人和睦（mù）相处，两国边境繁荣安定。成群的牛马在原野上自由奔跑，边塞成了热闹的集市，再也没有了曾经陌生人闯入引起的狗叫声，百姓们都忘记了当初的战乱纷争。

两国百姓获得了安宁，昭君的命运却出现了波折。结婚两年后，呼韩邪单于就去世了，仅给昭君留下了一个年幼的孩子。按照匈奴的习俗，昭君要嫁给继承单于之位的人，也就是呼韩邪单于的长子复株累单于。

知识链接

收继婚——女性在丈夫死后改嫁给丈夫家的其他男性。这种婚姻形式历史悠久，许多民族在历史上都有过这种风俗。我国在秦朝以后就用法律规定废止了这种婚姻形式。

昭君从小就接受中原文化的教育，无法接受这种习俗。她心里十分痛苦，又思念家乡的父亲和兄弟，就上书请求汉朝皇帝允许她回到汉朝。但皇帝拒绝了，要求她尊重并且遵从匈奴的风俗习惯。

昭君没有办法，摆在面前的不仅是皇帝的命令，还有汉朝与匈奴两国的和平，尽管心里十分委屈，她还是嫁给了复株累单于。

昭君压制住浓浓的乡愁，不去想命运的悲苦，开始为两国的长久和平与发展贡献自己的力量。

昭君与匈奴人民在一起

她劝说单于学习汉朝优秀的治国经验，制定公正的法律，施行仁慈的政策，选拔贤能的人才，奖励立功的臣民，以得到匈奴人民的真心拥护。

她亲自管理草原，利用汉朝先进的农业和养殖经验，种植花草树木，繁育马牛羊猪，让青青草原变得更加美丽，让匈奴人民过得更加富足。

她还在草原上育桑种麻，养蚕制丝，向匈奴女子讲解织布的工艺，传授刺绣的技巧，让匈奴人民穿上了舒适美丽的衣物。

昭君毫不保留地细心施教，在忙碌与诚恳之中，受到了匈奴人民的尊敬和爱戴！

一去三十年，在53岁时，王昭君离开了人世。据传她被厚葬（zàng）在大青山下，黄河水边。后人把昭君墓称为“青冢（zhǒng）”，常常前去祭（jì）拜。

一去紫台连朔（shuò）漠，独留青冢向黄昏——杜甫《咏怀古迹》

知识链接

青冢——在内蒙古呼和浩特市南边9公里处有一座土山，名为昭君墓，相传那里就是埋葬昭君的地方。据说每年9月的时候，塞外的草都变枯黄了，唯独昭君墓上的草还是青色的，于是人们就把它称为“青冢”。

昭君出塞之后，汉朝与匈奴友好相处，边塞的烽火熄灭了50多年，草原丝绸之路也更加安全、畅通。汉族与匈奴民族团结的种子，也在这时种了下来，慢慢地生根、发芽……

课后思考

1 昭君出塞走的是哪条道路？

2 王昭君为什么会受到匈奴人民的尊敬和爱戴？

第四课　投笔从戎，万里封侯——班超

当年，张骞出使西域，拉开了丝绸之路的序幕。后来，西汉控制了西域，还建立了西域都护府进行管理。但到了西汉末年，西汉的朝政一片混乱，西域又逐渐被匈奴控制了。

东汉建立后，汉朝的国力渐渐恢复。经过长时间的养精蓄锐，汉明帝决定夺回西域的控制权。这可是一个千载难逢的立功机会，而抓住这个机会的人就是班超。

投笔从戎

班超“投笔从戎”

班超出生在一个书香门第，从小就胸怀大志，喜爱读书，而且擅长辩论。

他跟着母亲和哥哥来到洛阳后，因为家境穷困，就经常到官府去抄写文书，以补贴家用。时间长了，他觉得这样下去，难以施展自己的抱负。

有一天，他突然把笔往地上一扔，叹了一口气说道："大丈夫就应当像张骞和傅介子一样，在边疆为国立功，求取封侯，怎么能把时间都耗费在笔墨上呢！"同事们听了这话都笑话他，但班超坚定了自己的志向，毅然决定从军。而这时，他已经41岁了。

知识链接

抄书——在印刷术没有发明的年代，书籍只能靠手抄的方式来复制，所以官府和民间都有专门做这份工作的人。

傅介子——西汉著名勇士和外交家，在出使西域的过程中立下了很大的功劳，被封为义阳侯。

威震鄯（shàn）善

公元73年，班超随军出征，讨伐匈奴。他作战英勇，很快就立了战功，得到了将军窦固的赏识。

窦固让他带着36人出使西域各国，一方面与各国联络感情，孤立匈奴，另一方面要重新打通丝绸之路。

班超一行人首先来到了鄯善——通往西域的天山南北两条道路的中转站。

鄯善国王一开始对他们非常热情，但过了几天态度就突然冷淡了下来。班超推测，一定是匈奴使者也到了，许下了更大的利益，国王才会动摇。于是，班超从负责接待自己的鄯善人那里套话，问出了实情，还得知了匈奴使者的驻地。

班超把自己的36名同伴叫到一起喝酒，趁着酒酣耳热的时候说道：“兄弟们！我们远离故乡，身在万里之外的异域，为的是什么？大家都只是想建功立业罢了。现在匈奴的使者才来几天，鄯善国王对我们的态度就越来越差。估计再过两天他就要把我们绑了送给匈奴人，使我们成为豺（chái）狼口中的食物了。你们说怎么办？”

大家都纷纷回答道：“我们听您的！是生是死，都跟随大人！”

看到群情激愤，班超拍案而起：“不入虎穴，不得虎子！匈奴人比我们多，我们唯一的生路，就是用火进攻他们的营地。消灭了匈奴的使者，看鄯善国王还能掀起什么风浪！”

天色刚暗，班超便带领众人埋伏在草丛里。远处的山顶，被最后一抹夕阳照得艳红，像是有火焰在熊熊燃烧，又像是鲜血要从山顶奔流而下。白天的炎热迅速散去，带着丝丝寒意的夜风越来越大，吹得原野上的草像波涛一样翻滚。

离他们数百米的地方，是匈奴人的营地。这时候刚刚入夜，还能听到营地里乱哄哄的声音。有人在烤羊分食，有人在饮酒打闹，粗野的争吵声、笑声、呵斥声混合在一起。

夜色终于彻底笼罩了草原，天地归于一片宁静。班超又谨慎地等了一个时辰，然后轻轻站起身来，发出一声短促的呼哨。在他身后，又陆续站起三十多个高大的黑衣身影，仿佛来自深渊的死神，带着沉沉的杀意。

班超低声吩咐了几句，人群分为三队。一队悄悄潜伏到营地正门，一队埋伏到后门，班超亲自带领六个人，到营地的上风处。几点火星闪过，经风一吹，很快就变成了燎（liáo）原大火，向着营地滚滚而去。

最外围的一个匈奴人，被浓烟和火光惊醒，刚冲出帐篷，还没看清状况，几支弩（nǔ）箭就飞射而来，狠狠地钉在他的胸前！巨大的力量，将他的身体推得向后跌去，摔回帐篷里，引起一片惨呼。

这呼声仿佛是信号一般，燃烧的火把一根又一根地被掷（zhì）入营地，点燃了帐篷、干草、栅栏。越来越多的匈奴人衣衫不整地从帐篷中冲出，茫然失措地站在烈焰的包围中，被弩箭一个个射倒。偶尔有头脑还算清楚的，想从营地大门逃生，结果刚迈出营地，迎面而来的就是一片雪亮的刀光！

看到同伴们的下场，营地中的数十名幸存者聚集起来，一声呐喊以后，一起向门外冲去。营地外沉默的班超同伴也并肩向前，与幸存者冲撞在一起。巨大的砍刀扬起、落下，将一颗颗头颅斩落。很快，幸存者也被斩杀一空。

第二天，班超等人提着匈奴使者的首级直闯鄯善王宫。当一百多颗脑袋在地板上骨碌碌滚动的时候，鄯善人全都被吓呆了。面对快哭出声来的鄯善国王，班超好言抚慰（wèi）。鄯善国王只好决定归附汉朝。

夜袭匈奴

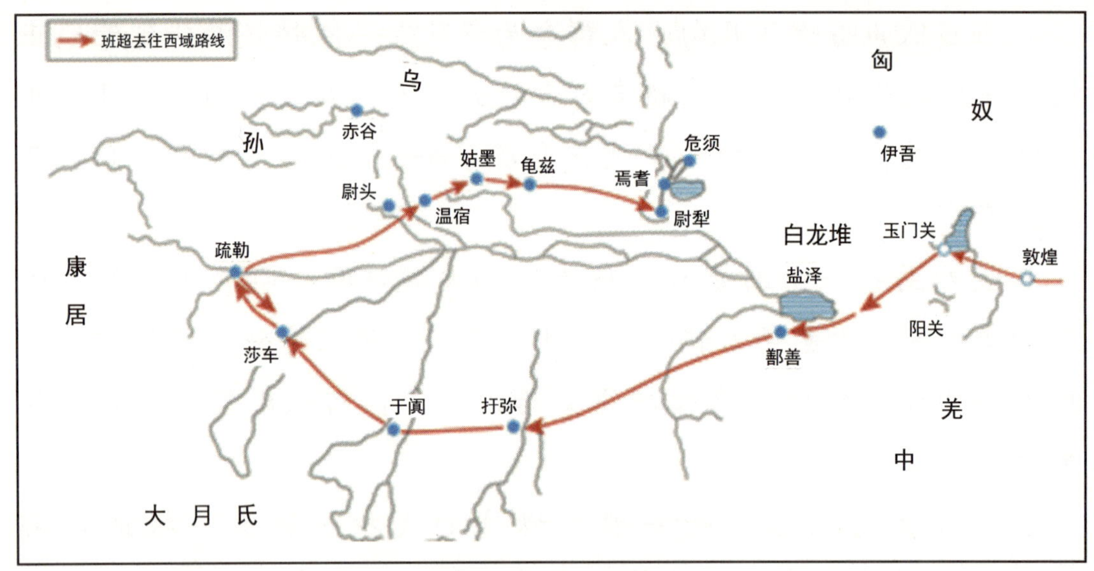

班超去往西域的路线

 再使西域

经过这件事，班超立下了很大的功劳。汉明帝十分高兴，就任命班超为司马，让他再次出使西域。窦固问班超需要多少兵马，结果班超回答说：“有这36名勇士就够了，人多了反而是累（léi）赘（zhui）。”

班超再使西域

做好准备后，班超带着36人来到了丝绸之路天山南道上的一个国家——于阗（tián）。

当时的于阗国王非常傲慢，对班超等人毫不重视。在匈奴使者的鼓动下，于阗的巫师对国王说："我们和汉使来往，惹得天神都发怒了！天神降下了神谕（yù），说汉朝使臣有一匹好马，要我们去抢来给天神做祭品！"于阗国信奉巫神，因此国王对巫师的话毫不怀疑，就派宰相去跟班超要马。

班超看到宰相趾高气扬地让他把马献给巫师，不禁觉得可笑。班超对宰相说道："既然是天神需要，那就请巫师大人亲自过来牵马吧。"

巫师信以为真，得意扬扬地来牵马。巫师刚进门，班超一言不发，拔刀便砍，一刀就斩下了巫师的头颅！然后叫人把头颅送回于阗王宫。

此时，于阗国王已经听说了班超在鄯善的事迹，心怀不安，又见到了巫师的人头，大惊失色。于是立刻下令处死匈奴的使者，再亲自去向班超赔罪。

由此，于阗乖乖地臣服于汉朝。接着，天山南道的其他小国也纷纷归附了。

班超又带领部众来到了疏（shū）勒（lè）。疏勒连接着通往中亚的通道，只有打通那里，丝绸之路才能彻底通畅。

这时疏勒刚被龟（qiū）兹（cí）国打败，新上任的疏勒国王是龟兹立的傀（kuǐ）儡（lěi），因此疏勒百姓过得十分凄苦。班超了解这些情况后，就派部下田虑去劝降。

田虑十分勇敢，他一个人来到王宫劝说疏勒国王。疏勒国王见他身材瘦小，根本就不把他放在眼里，没想到田虑却突然跳了上来，一把将疏勒国王擒住了。田虑架着疏勒国王上马，狂奔而回。

国王被劫（jié），疏勒国顿时乱成一团。

班超见手下归来，就带领队伍趁乱冲进疏勒王都。他集合文武百官，讲述龟兹的罪状，劝服了疏勒人。然后班超废了傀儡国王，另外挑选原王室的继承人立为新王。

疏勒人摆脱了龟兹国的控制，都非常高兴，表示愿意归附汉朝。

这期间，汉朝在攻打匈奴的战事上也节节胜利，丝绸之路也得以重新繁荣起来。

疏勒国遗址

 坚守西域

然而好景不长。汉明帝去世了，匈奴人趁着汉朝举行国丧（sāng）的机会又嚣（xiāo）张起来，西域又陷入了战火中。

班超和疏勒百姓一起守卫了疏勒王都一年多，击退了敌人一次又一次的进攻。

新即位的汉章帝与大臣讨论后，决定先放弃西域，以后再报仇。朝廷担心还坚守在西域的班超孤立无援，便下旨命令他撤回中原。

班超无奈，只好告别疏勒，踏上归途。

疏勒军民既恐慌又不舍。为了挽留班超，一位将军甚至自刎（wěn）而死，这让班超震动极了。

班超撤到于阗时，于阗百姓全都大哭，抱着班超等人的马腿不让走。班超看着信赖自己的百姓，实在不忍心抛弃他们，又想起自己的壮志还未达成，便毅然调转马头，回到了疏勒。

疏勒军民挽留班超

平定西域

班超联合天山南道各国，开始逐个攻破那些被匈奴控制的天山北道国家。不到四年时间，他就在西域站稳了脚跟。

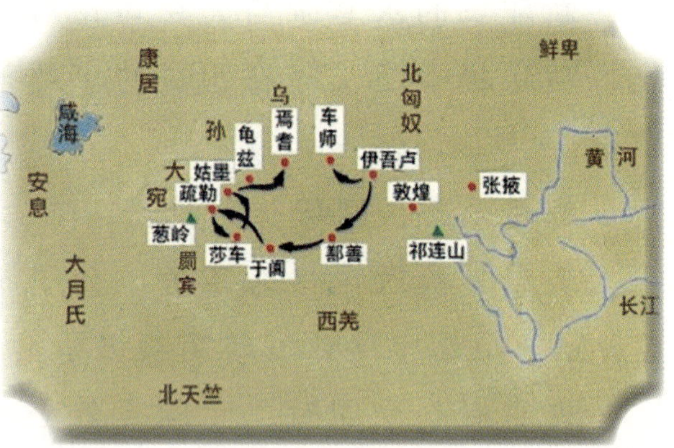

班超在西域的行动

于是他上书汉章帝，讲到了西域的形势，讲到了自己将采取的战略，认为汉朝有必要、也有能力掌控西域。汉章帝大喜，开始支持班超的行动。

班超果然没有辜负大家的期望。在十几年的时间里，他联合各国力量，南征北战，使西域大大小小 50 多个国家都归附了汉朝，汉朝经西域至中亚的丝绸之路又重新畅通了。

其中，有三次著名的战役，让人充分看到了班超卓越的军事才能。

公元87年，班超领兵2万攻打莎（shā）车。他采用调虎离山之计，引走了5万来支援莎车的龟兹军队，轻松攻破莎车。班超因此威震西域。

公元90年，大月氏派兵7万，越过高山，前来攻打班超。班超采用釜（fǔ）底抽薪（xīn）之计，断掉了大月氏的粮草，让大月氏不战而降。之后大月氏与汉朝和好，共同维护丝绸之路的安全。不久，西域主要国家纷纷归附。

公元94年，班超发动7万西域联军，攻打最后三个不肯归附的国家。班超采用擒（qín）贼（zéi）擒王之计除掉了这三个国家的国王，降服三国。至此，西域全部平定。

知识链接

调虎离山——设法让老虎离开原来的山冈，比喻为了方便乘机行事，用计谋让有关的人离开原来的地方。三十六计之一。

釜底抽薪——抽去锅底下的柴火，使水不再沸腾，比喻从根本上解决问题。三十六计之一。

擒贼擒王——捉拿贼寇（kòu）应该先捉住贼寇的头领，有时候用来比喻做事要抓住关键。三十六计之一。

万里封侯

公元95年，63岁的班超被封为定远侯，实现了他年轻时立下的壮志。封侯之后，他依然专注于对西域的治理。

班超文武兼备，智勇双全，是中华文明中开拓精神的代表。他不仅有着探险家的大无畏冒险精神，还有着东方文明特有的智慧和亲和力。他在西域31年，深受各国贵族和百姓拥戴。在他的治理下，西域各国不再被匈奴压榨（zhà），也不再互相攻打，百姓们安居乐业。各国都在丝绸之路的贸易中得到了很大好处，对汉朝的统治心悦诚服。

班超年老后，想起了自己30年未曾回去的故乡。他给朝廷上书请求返乡，写道：“不敢望到酒泉郡，但愿生入玉门关！”公元102年8月，班超终于回到了洛阳。只可惜他长年待在西域，久经战场，加上受大漠风沙的侵蚀（shí），不久后就因病去世了，享年70岁。

班超把自己的后半生都奉献给了祖国边疆的稳定和丝绸之路的繁荣，值得人们永远铭（míng）记。

课后思考

1 班超为什么选择从军？

2 汉章帝下旨令班超等人回国时，班超为什么选择留在西域呢？

第五课　远道而来的译经大师——鸠摩罗什

jiū mó shí

鸠摩罗什沉思像（正面）

大家肯定都听说过佛教，它是世界三大宗教中的一个，诞（dàn）生在古印度。汉朝的时候，佛教通过丝绸之路，传到了中国。

从印度到中国，两国的语言、文字都不一样，佛经是用古印度的梵（fàn）文写的，需要人翻译，不然中国人肯定是看不懂的。而做这个工作的人可不简单，不仅要精通两国文字，还要有非常高的佛学水平。这些人里，有一位大师非常有名，他叫鸠摩罗什。

鸠摩罗什沉思像（侧面）

鸠摩罗什出生在西域的龟兹。7岁的时候，鸠摩罗什跟着母亲出家，开始学习小乘佛教的经典。每天，他都要读几万字的佛经。

过了两年，他又跟着母亲沿着丝路，来到了印度河边的罽（jì）宾国（今克什米尔地区）。那里有一位著名的小乘佛教大师，名叫盘头达多。鸠摩罗什拜他为师，跟着他学习，用心钻研小乘佛教的理论。

鸠摩罗什向盘头达多拜师

三年后，鸠摩罗什完成了学业，就和母亲一起回国。半路上，他们来到了疏勒，鸠摩罗什又在两位大师那里，学习了大乘佛教的理论。

知识链接

小乘佛教与大乘佛教——小乘佛教强调自我解脱，大乘佛教则强调修行应该把自利和他利一样看重，应当参与和干预世俗生活，主张万物众生皆可成佛。所以大乘佛教相较于小乘佛教而言，更受底层民众欢迎。

回到龟兹后，鸠摩罗什继续钻研大乘佛教，还开始讲经说法。鸠摩罗什相貌英俊，才智过人，能言善辩，很多百姓都信服他的理论，龟兹王也对他礼遇有加。

这时，他的师父盘头达多也来到了龟兹，见自己的得意弟子转向了大乘佛教，心里不是滋味，就来找他辩论。鸠摩罗什对小乘佛教和大乘佛教的理论都已经精通了，一点也不害怕师父的挑战。他们辩论了一个多月，盘头达多心悦诚服，还反过来拜鸠摩罗什为师，开始学习大乘佛教。

鸠摩罗什与盘头达多辩论

鸠摩罗什的名声很快就传遍了西域。20岁那年，他正式受戒，成为一名僧人。之后，他就开始在西域各国传播佛法，这一传，就是20年。他的名气越来越大，连中原也知道了西域有这么一位得道高僧。

当时中国正是东晋十六国时期，国家分裂，政治动荡。各政权为了争取民心，都在寻找佛教高僧。前秦皇帝苻（fú）坚知道了鸠摩罗什，就让大将吕光在西征的时候，把鸠摩罗什带回来。

吕光攻破龟兹，抓住了鸠摩罗什。吕光不信佛，又见鸠摩罗什才40岁，不相信他的智慧和气度，对他十分轻视。吕光把他灌醉，逼他跟龟兹王的女儿成了亲。吕光还几次戏弄他，让他骑上烈马和蛮牛，看到他摔下来，就哈哈大笑。但鸠摩罗什忍辱负重，面不改色。吕光感到很惭愧，就不再这样做了。

鸠摩罗什被戏弄

鸠摩罗什学习汉语

吕光带着鸠摩罗什回国，走到凉州的时候，得知苻坚被部下姚苌（cháng）杀害了。吕光趁机自立，建立了后凉。鸠摩罗什也被留在了那里。他没有机会宣扬佛法，就静下心来，专心学习汉语。

另一边，姚苌建

立了后秦。他听说了鸠摩罗什的大名，就邀请鸠摩罗什来后秦，但后凉却不放人。后来，姚苌的儿子又来邀请鸠摩罗什，后凉还是不放人。直到鸠摩罗什57岁的时候，后秦派兵攻破后凉，鸠摩罗什才摆脱困境，被迎接到了长安。

当时佛教在中原已经开始兴盛，鸠摩罗什的大名，也早就传遍了中原。鸠摩罗什成为后秦的国师，开始翻译佛教经典。后秦专门为他准备了一个地方，他收了800名弟子，开始了浩浩荡荡的译经活动。又有3000多名僧人仰慕鸠摩罗什的智慧，不远万里前来求学。

十多年过去了，鸠摩罗什和他的弟子们，翻译了35部294卷佛经。这些佛经内容非常广泛，主要是大乘佛教的典籍。在鸠摩罗

鸠摩罗什译经

什之前，中原的佛经很少，还多半都是西域各国的僧侣，由梵文译成西域各国的文字，再转译成汉字的，这中间自然有很多的错误。重新翻译以后，人们才对佛经有了正确的认识。

鸠摩罗什的翻译还十分有文采，读起来朗朗上口，不论老少，都特别容易理解和接受。这些佛经受到了很多人的喜爱，几乎家家都有一本，有的流传了1600多年，直到现在还在使用呢。

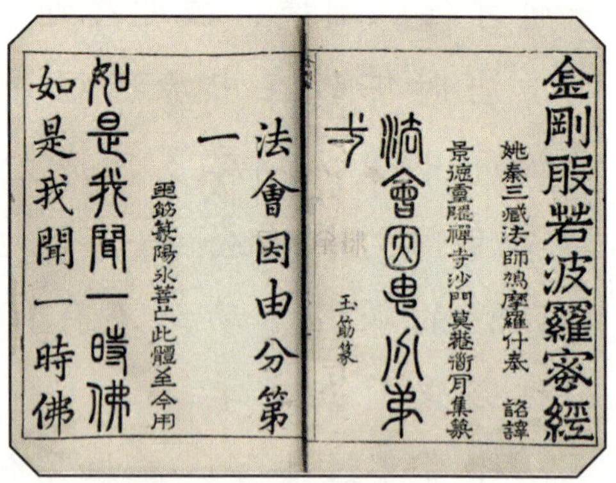
金剛般若波羅蜜經
姚秦三藏法師鳩摩羅什奉 詔譯
法會因由分第一
如是我聞一時佛

鸠摩罗什翻译的《金刚经》

鸠摩罗什创造了很多佛教用语，其中很多已经融入了我们的汉语当中，比如“大千世界”“一尘不染”“天花乱坠”“想入非非”“苦海”“心田”“火坑”等等，它们都是我们经常听到和用到的词语。

鸠摩罗什培养了许多弟子。他们把佛教传遍了中国大地，在各个地方都建起了寺庙。佛教跟各地的风俗、信仰融合后，出现了很多新的佛教派系。外来文化与本土文化的碰撞交融，在中国历史上第一次大规模地出现了。

鸠摩罗什完成了伟大的事业，点亮了丝绸之路上的灿烂佛

南朝四百八十寺，多少楼台烟雨中——唐·杜牧《江南春》。这句诗写出了东晋之后，南朝佛教兴盛、寺庙极多的景象

光。他勤奋上进、不怕艰苦、造福世人的精神品质，值得我们好好学习！

课后思考

1 盘头达多本来是鸠摩罗什的师父，后来为什么反而拜鸠摩罗什为师了？

2 鸠摩罗什翻译的佛经，为什么会那么受人们喜爱？

第六课　大唐盛世的开创者——李世民

大家肯定还记得秦汉时期在中国长城北边的匈奴。正因为汉朝和匈奴的明争暗斗，才有了丝绸之路的开辟和兴衰。

到了东汉，匈奴人被打败，有些据说跑到了遥远的欧洲，有的归顺了汉朝，迁到长城以南居住。长城以北还有许多其他部族，他们也大都臣服于汉朝。包括匈奴在内，这些北方部族有一个统一的名称——胡。

汉朝灭亡后，汉族内部自己人打来打去，很多胡人被拉来做仆从、打手。后来，这些胡人纷纷反抗腐朽的汉人王朝，建立起自己的国家。这些国家大多在中国北方，他们各自征战，导致民不聊（liáo）生，中国进入了一个大动乱时代。西域和丝绸之路，似乎快被中原人遗忘了。

敦煌壁画中头戴合欢帽、身穿汉服的胡人贵族

这一乱就是几百年。那时的胡人和汉人，就像两个住在一块儿的孩子，一个特别好动，另一个则比较文静，两人谁都看对方不顺眼，不时拌拌嘴，急了还会打一架。但不知从哪

天起，好动的孩子也开始拿起笔，写写画画；文静的孩子也经常出门玩闹，伸出拳脚比画比画。时间久了，在中国北方，已经分不清谁是胡人，谁是汉人了。

俗话说“天下大势，合久必分，分久必合”，隋朝终于又统一了中国。可惜，就像短命的秦朝一样，统一不到30年，隋朝就灭亡了。一个新的朝代出现了，它的名字叫作“唐”。

唐朝是一个辉煌的朝代，而为唐朝盛世打下基础的人，便是唐太宗李世民。

李世民是个本领很大的人。他书法写得很好，马术很高明，箭也射得很准，行军打仗更是一把好手。在跟随父亲李渊起兵以后，李世民立下了无数战功。

在登基后，李世民成了一个优秀的皇帝。他特别善于用人，只看才干，不问出身，把每个人都安排到合适的位置，让他们发挥自己的长处。那些人不仅使整个国家变得繁荣强盛，自己也都成了优秀的人才。在李世民的统治下，唐朝出现了开疆拓土的将军，一心为百姓解决问题的大臣，写出动人诗句的大诗人，造出不朽建筑、画出赏心悦目绘画、做出精美陶器的艺术家……

唐骑驼乐舞三彩俑

李世民还乐于接受批评，这可是一个了不起的品质。普通人被别人指出错误，心里都会难受，何况高高在上的帝王呢？而李世民不但鼓励家人、朋友、属下指出自己的错误，甚至还能接受敌人的批评。

知识链接

魏征（zhēng）是唐朝初年的名臣，唐太宗很敬重他的直言进谏（jiàn）。魏征去世后，唐太宗十分悲痛，对身边的人说道：“以铜镜作为对照，可以把衣帽穿戴整齐；以历史作为对照，可以知道国家的兴衰更替；以他人作为对照，可以知道自己的得失。我一直有这三件宝贝，所以随时能改正自己的缺点。现在魏征死了，我失去其中一件宝贝了。”

在中原的胡人，不断学习汉人的生活方式，渐渐安定下来。而在中国北方，胡人祖先曾经待过的地方，出现了一个游牧民族——突厥（jué）。跟当年的匈奴人一样，突厥人骑马像风一般快速，射箭又狠又准。

正在射箭的突厥骑兵

突厥的首领叫可（kè）汗（hán），他们建立的国家叫突厥汗国。突厥汗国的疆域很大，从东边的渤（bó）海，一直到西边的里海，从南边的蒙古大漠，一直到北边的贝加尔湖。跟匈奴一样，突厥也对南方汉人的地盘虎视眈（dān）眈。

后来，突厥分裂成了东突厥、西突厥两个汗国。东突厥起初臣服于隋朝，但隋末天下大乱，东突厥就趁机脱离了隋朝，还多次南下抢掠。李世民参加了很多次隋朝与东突厥的战争，还救出过被敌军包围的隋炀（yáng）帝，立了大功。

唐朝刚建国不久，东突厥的两位可汗，率领全国的兵马，攻到了唐朝国都长安附近。唐朝这时刚刚经历战乱，一切都没准备好，面对威名赫（hè）赫、气势汹（xiōng）汹的突厥人，大家议论纷纷，却拿不出好办法，甚至预备迁都撤退。但李世民坚决反

唐朝大明宫

对这个做法，他向父亲请命，由他亲自去解决这次危机。

李世民率领100名精锐，骑马来到突厥阵前。这个举动非常冒险，在别人看来，简直是羊入虎口。但奇怪的事情发生了，只见李世民分别和两位可汗说了几句话，突厥人就奇迹般地退兵了。

大家都想知道他到底说了什么，可惜史书里没有记载。有人猜他是利用了两位可汗间的矛盾，让他们互不信任；有人猜他是跟突厥人达成了秘密约定。无论真相如何，我们能够想象，那些话里肯定充满了魄（pò）力和机智。

突厥暂时撤退了，但有这么一个凶猛的邻居，谁也没办法心安。李世民登基后，决心要彻底解除这个威胁（xié）。他采取了很多政治、经济措施来增强国力，又积极练兵备战。他甚至允许大臣带武器上朝，还在皇宫里训练士兵习武射箭。

唐太宗

李世民知道东突厥的一个弱点，那就是他们有很多个可汗，有的势力大，有的势力小，势力小的要服从势力大的，但绝不会心甘情愿。

李世民决定让这个弱点变成致命的缺陷（xiàn）。他联合有野心的小可汗，去打击东突厥的大可汗。就这样，东突厥越来越衰弱，而唐朝越来越强大，没过几年，东突厥就归顺了唐朝。

对待归顺的突厥人，李世民一点也不轻视，而是把他们跟汉人一视同仁，都当成自己的子民，该安顿的安顿，该封官的封官。所以当时光是长安城，就有一万多突厥人搬来居住。

东突厥的领土，成了大唐的一部分，汉朝以来，长期分裂的北方，又重新回到了中原王朝的怀抱。李世民开明友善的民族政策，让北方各个民族和西域各个城邦，都觉得他是最伟大的领袖，拥戴他为他们共同的君主，于是他们一起送给李世民一个称号——天可汗。

但这时，西域和丝绸之路还控制在西突厥手里。李世民又派出军队，赶跑西突厥人，将西域各国一一收服。李世民在西域设立安西都护府，又在龟兹、焉（yān）耆（qí）、于阗、疏勒四个城邦修城堡、建军镇，来保障西域的安全。丝绸之路上又布满了长相不同、穿着各异的商人身影。一声声的驼铃，又响遍了草原、沙漠、雪山……

李世民的贞观之治，为大唐盛世奠定了厚实的基础。在他的后人手里，唐朝成了强盛无比、开放包容、四方景仰的大帝国。唐朝以后，世界上很多地方的人都把中国人叫作“唐人”。

课后思考

1　汉人和胡人争斗了几百年，为什么后来在中国北方，他们会变得难分彼此了呢？

2　李世民有哪些过人的本领？

3　李世民打败东突厥后，是怎么对待突厥人的？你觉得这跟他后来被尊为“天可汗”有关系吗？

4　李世民在西域设置安西都护府和安西四镇，对丝绸之路的重新繁荣有什么好处？

第七课　西天取经上大路——玄奘(zàng)

不知道你有没有看过《西游记》，那里面有个唐三藏带着孙悟空、猪八戒、沙和尚三个徒弟，去西天取经的故事。很多人以为，唐三藏跟孙悟空他们一样，都是虚构的神话人物，但实际上，唐三藏是有原型的，那就是唐朝的玄奘法师。

玄奘（602—664年），唐代著名高僧

玄奘本名叫陈祎（yī），他小时候，父亲在隋朝做官，有一个幸福的家庭。他非常聪明，跟着父亲学习儒家经典，养成了良好的品德。可惜到他十岁的时候，他的父亲和母亲都去世了，他只好跟着哥哥，到洛阳的净土寺学佛修行。

为了躲避战乱，他跟哥哥来到了成都。在那里，玄奘学习了南北不同佛家学派的学说，学业大进，也有了一点名气。后来，他又到处去游历，拜访名师，讲经说法。他发现各派的理论分歧（qí）很大，互相矛盾，而造成这个现象的原因，主要是佛经的翻译有非常多的错误，使人们理解不一。怎么才能统一佛法，成了玄奘最想解决的问题。

正好有个印度高僧来到长安讲经，他对佛经的解说，让玄奘感到非常新奇。于是，玄奘有了一个想法，就是亲自跑去印度，把完整的经文带回来，重新翻译成中文。

玄奘求法之路

他请求唐太宗允许他西行求法，却没有被批准。他又听说，有位高僧戒贤法师正在印度的那烂陀（tuó）寺讲经，便迫不及待地动身了。

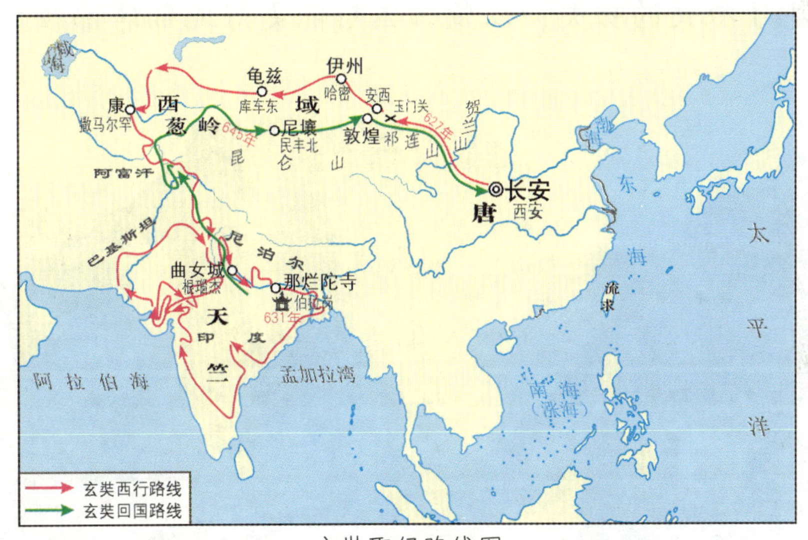

玄奘取经路线图

他偷偷伪造了官方文书，从长安出发了。他走的是当年张骞开拓的丝绸之路，这是多么艰难的一条路啊！他牵着一匹瘦马，带上水和粮食，走进河西走廊，经过玉门关和敦煌后，开始沿着丝绸之路北道往西走。接下来这一路黄沙漫天，上不见飞鸟，下不见走兽，前后连个人影都没有，白天太阳像火似的烤着，夜里则冻得瑟（sè）瑟发抖，沿途到处都是死在半路的人马的骨骸（hái）。

幸运的是，他走出荒漠以后，来到了信仰佛教的高昌国。高昌国王热情地接待了玄奘，请他讲经，接着派了二十五人和三十匹马护送他，还写信给沿路国家的国王，请他们一路保护玄奘。

玄奘一行人马，越过万年积雪不消的大山、冰河，躲过风暴和雪崩，历尽千辛万苦，终于抵达了印度。这时离他告别长安，已经有四年多时间了。

玄奘从北印度一直南行，一路走走停停，一边学习佛教经典，一边探访佛教遗迹。走过十多个国家后，他终于来到了那烂陀寺，开始跟随戒贤法师学习佛法。除了研习佛经，他在学习梵文上也下了很大的功夫，以便回国后能更好地翻译佛经。

曾经的佛教圣地——那烂陀寺遗址

知识链接

那烂陀寺——古代中印度摩揭陀国首都王舍城北方的大寺院。它兴建于公元 5 世纪初，是当时世界上著名的佛教圣地。寺中有大量藏经和一万多的僧侣教徒，其规模十分宏大。

四年后，玄奘辞别了戒贤法师，到印度各地去游学。在曲女城，他受到戒日王的邀请，召开了一个隆重的讲经大会，并邀请各方人士提出诘（jié）问，进行讨论和辩论。当时印度有十八个国王和三千多名高僧参加了盛会，十八天里，没有一人能够提出反对意见。印度大乘、小乘佛教都对玄奘推崇不已，两者之间的理论分歧，也经过玄奘的一番讲解，达成了统一。

曲女城辩论

玄奘在印度一下子出名了，戒日王一再挽留他，甚至有位国王表示，只要玄奘肯留下，就为他建一百所寺院。不过就像他当初执意要冒险来印度一样，这次他执意要回国，去实现曾经许下的愿望。他带着国王送给他的二十匹大马，驮着六百多部佛经，在印度人热情的欢送下，启程回国了。

玄奘用三年的时间走到了于阗，然后沿着丝绸之路的南道向东，在唐太宗在位的第十九年，回到了长安。这一去一回，共花了十八年之久。

玄奘朝见了唐太宗，向他介绍了旅途中的所见所闻，以及西域、印度的风土人情，唐太宗听得津津有味。后来，玄奘把这些事情写成了一部书——《大唐西域记》。这本书现在被翻译成了许多种外国文字，成了一本世界名著。明朝时，吴承恩就是根据玄奘往西方取经的事迹，写出了精彩神奇的《西游记》。

知识链接

《大唐西域记》——书中不仅记载了玄奘在印度的种种经历，还记录了他听闻和见到的138个国家和地区、城邦，包括新疆和中亚的一些国家和地区、巴基斯坦北部以及几乎整个印度地区。书中内容十分丰富，有政治、经济、宗教、风俗、自然风貌等，可以说是古代西域和印度的百科全书。这本书也是现在研究中古时期中亚、南亚诸国和中西交通的珍贵资料。

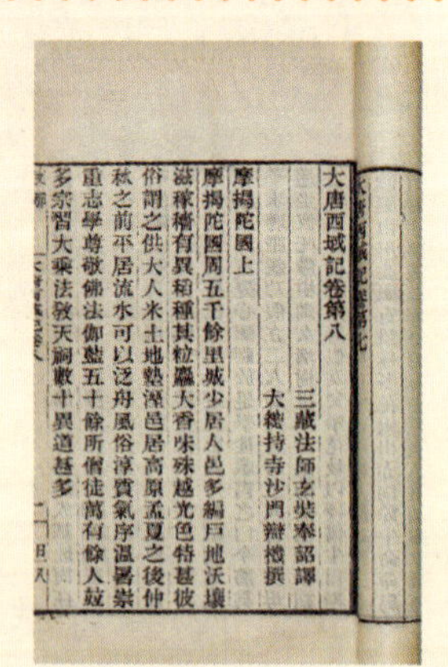

大唐西域記卷第八
三藏法師玄奘奉詔譯
大總持寺沙門辯機撰
摩揭陀國上
摩揭陀國周五千餘里城少居人邑多編戶地沃壤
滋稼穡有異稻種其粒麤大香味殊越光色特甚彼
俗謂之供大人米土地墊濕邑居高原孟夏之後仲
秋之前平居流水可以泛舟風俗淳質氣序溫暑崇
重志學尊敬佛法伽藍五十餘所僧徒萬有餘人竝
多宗習大乘法教天祠數十異道甚多

《大唐西域记》

唐太宗特别欣赏玄奘的才干，多次劝玄奘还俗，参与经略西域的政事。对很多人来说，这是多么荣耀的事情啊！但玄奘每次都拒绝了，因为他的宏愿还未达成。他多次请求回少林寺译经，唐太宗都没有同意，但支持他在长安设立了译经院。玄奘花

了十九年工夫，翻译了佛经七十五部一千三百多卷。这项工作的艰巨，丝毫不亚于他西行取经的行程，使他的身心一天天衰弱。六十二岁那年，他倒在了译经的桌前，没过多久就去世了。

知识链接

慈恩寺位于陕西省西安市南郊雁塔村，公元648年玄奘在此从事译经的工作，寺内大雁塔为保管玄奘由印度带回的佛经而建。大雁塔附近的荐（jiàn）福寺内，还有一塔高度略低于大雁塔，名为小雁塔。

慈恩寺大雁塔

玄奘历尽千难万险，穿越丝绸之路，去印度取得真经归来，不仅实现了自己的理想，还促进了中国和印度之间的交往。玄奘之后，丝绸之路上往来的僧侣、商人、使臣络（luò）绎（yì）不绝，佛教迎来了它的黄金时代，丝绸之路也再次焕（huàn）发生机。

课后思考

1 玄奘为什么要西行去印度取经？

2 《大唐西域记》记载了哪些地方的风土人情？

第八课　嫁入西藏的大唐公主——文成公主

在我们壮美的祖国大地上，有一块高高隆起的土地——青藏高原。那里有傲立的雪峰、静默的圣湖、炫（xuàn）目的蓝天……还有一座依山而建的宏伟宫殿——布达拉宫。它最初是在公元7世纪，由吐蕃（bō）王朝的藏王松赞干布为唐朝的文成公主建造的。

布达拉宫

知识链接

松赞干布

松赞干布——古代藏族的第33任赞普（藏王的历代称号），也是吐蕃王朝的立国之君。他在位期间平定了吐蕃的内乱，确定了吐蕃的政治、经济、军事和法律等规章制度，并将佛教从唐朝、天竺（tiān zhú，即印度）引入吐蕃。

那时，松赞干布统一了西藏高原，建立了强大的吐蕃王朝。他非常仰慕文明、繁荣的大唐，就派遣使者去往长安，向唐朝天子问好。得到天子的回应后，他非常高兴，便让使者带上金银财宝，向唐朝请求迎娶一名公主。

唐太宗认为当时的吐蕃野蛮、落后，不想让皇室的女子前去受苦，便拒绝了松赞干布的请求。

吐蕃使者回去后，对松赞干布说谎道："刚到唐朝时，唐朝对我们很热情，但是吐谷（yù）浑国王入朝之后，唐朝就对我们很冷淡了。肯定是因为吐谷浑从中挑拨离间，才使得唐朝拒绝和亲请求的！"

知识链接

吐谷浑——中国古代西北民族，在西晋时期开始建立国家，唐朝时被吐蕃灭亡，后来渐渐融合进中华民族。

松赞干布听了使者的话，很是生气。接着他就以这个为借口，出兵攻打吐谷浑。在打败吐谷浑后，他就率领二十万军队逼近唐朝边境的松州（在今四川西部），并扬言说："如果不把公主嫁给我，我就出兵攻入唐朝。"

唐朝自然不怕吐蕃的挑衅（xìn），立刻派兵五万攻打松赞干布。唐朝的先锋部队在夜里袭击了吐蕃的营地，消灭了一千多个敌人。松赞干布十分害怕，急忙带兵撤退了。

松赞干布见识了唐朝军队的强大，就派出使者向唐朝谢罪，又提出了迎娶公主的请求。唐太宗也认为，与其费力消灭敌人，不如把敌人变成朋友，就同意了。松赞干布派聪明能干的禄（lù）东赞，带上五千两黄金和几百件珍宝作为聘（pìn）礼，去长安迎娶公主。

《步辇（niǎn）图》——唐代大画家阎（yán）立本绘制，描绘了禄东赞朝见唐太宗时的情景

文成公主原本不是公主，只是唐朝皇室家族的一名女子。她生得美丽聪慧，仪态端庄大方。唐太宗将她封为公主，让她嫁给松赞干布。

文成公主出发去吐蕃了。她从长安带上了金银珠宝、绫罗绸缎、文化典籍，还有豌豆、油菜、小麦、荞（qiáo）麦等作物的种子和各种耕种技术。许多铁匠、木匠、石匠，也跟着文成公主一起进藏了。

队伍沿着唐蕃古道，向西前进。走到一座土石都是红色的山上时，太阳还没完全落山，月亮已经出来了。众人支起营帐，准备休息。文成公主站在山顶，回头不见长安，西望一片苍凉，思乡之情油然而生，忍不住取出出发前父母送给自己的宝镜。母亲说过："想家的时候，在这镜子里面就可以看见亲人和故乡。"公主双手捧着照起来，里面却没有母亲的面容，也没有美丽的故乡，只有一张憔（qiáo）悴（cuì）的脸——那是自己的脸。公主一怔（zhèng），镜子就从手中滑落到坚硬的山石上，摔成了两半，一半映着要落山的太阳，一半映着刚露脸的月亮。从此，这座山有了一个美丽的名字——日月山。

日月山

知识链接

唐蕃古道——我国古代历史上非常著名的交通大道，是唐朝时期连接中原与青海、西藏甚至远至尼泊尔、印度等国的要道，几乎将整个中国西南部串联起来，是西南丝绸之路的组成部分。

唐蕃古道与丝绸之路

队伍走到黄河源头附近的柏海时，遇到了亲自从吐蕃都城拉萨赶来迎接的松赞干布。年轻的松赞干布一见到美丽端庄的文成公主，就被她深深地吸引住了。大唐精美的服饰和庄重的礼仪，也让他感受到了唐朝生活的富足和文化的先进。

文成公主入藏

吐蕃人民得知文成公主嫁给松赞干布的消息后，一路上都有人准备了礼物和交通工具来接送。文成公主和迎亲队伍一起，跨过一条条大河，翻过一座座高山，走了一程又一程，终于来到了拉萨。

松赞干布和文成公主举行了盛大的婚礼，并封她为王后。松赞干布非常宠爱文成公主，专门为她修建了布达拉宫，整座宫殿共有一千个房间。在灿烂的阳光之下，在巍（wēi）巍的红山之巅（diān），布达拉宫凌空屹（yì）立，金光四射，巍峨（é）壮观，散发着一种令人震撼（hàn）的美。

文成公主不喜欢吐蕃人在脸上画红褐色图案的习俗，松赞干布就下令停止这个习俗，自己也换下毛皮衣服，穿上了丝绸衣服。

在文成公主的建议下，松赞干布派年轻人去唐朝学习诗书礼仪，还邀请唐朝有识之士来吐蕃传授先进文化和技术。

从此，西藏发展得越来越快，和中原的往来也越来越密切了！

为了纪念文成公主，直到今天，西藏还流传着这样的歌谣：

汉族来的王后文成公主，
带来不同的粮食三千八百类，
给西藏的谷仓打下坚实的基础。

汉族来的王后文成公主，
带来不同手艺的工匠五千五百人，
给西藏的工艺打开了发展的大门。

汉族来的王后文成公主，
带来不同的牲畜五千五百种，
使西藏的乳酪（lào）酥（sū）油年年都丰收。

……
公主勋（xūn）劳垂万古，
谊联民族永芳芬。

课后思考

1 故事中，松赞干布一共向唐太宗提出了几次求亲请求？

2 文成公主给西藏带去了什么？

第九课　传说中的“一人灭一国”——王玄策

玄奘去西方学习佛法的时候，在印度非常有名气，印度摩揭陀国的戒日王对他十分欣赏。后来在玄奘的介绍下，戒日王对唐朝的强盛十分向往，就派使臣前往长安，想与唐朝成为友好的伙伴。唐太宗高兴地接待了戒日王的使臣，然后派了一个二十二人的使团护送使臣回国。王玄策就是使团队伍里的一名副使。

这次出行非常顺利。使团从长安出发，沿着唐蕃古道到了拉萨，接着在吐蕃人的带领下翻越了喜马拉雅山脉，再穿过尼泊尔就到达了印度，时间花了九个月。在摩揭陀的都城曲女城，他们受到了戒日王的热情接待。他们在那儿待了好几年，一边考察当地的风土人情，一边宣扬大唐的强盛开放。

由于表现出色，在唐朝又一次派出使团的时候，王玄策被任命为正使。这次的任务一是护送大夏的使臣回国，二是去印度获得制糖的技术和工匠。王玄策一行人向西北前进，沿着丝绸之路走进西域，到达中亚的大夏，然后再转向东南，去往印度摩揭陀。

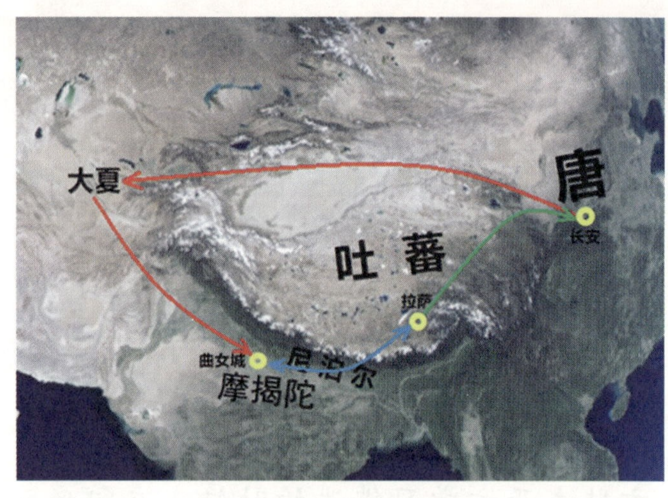

王玄策第二次出使路线

哪知就在不久前，戒日王去世了，摩揭陀国陷入了混乱，他手下一个小国国王阿罗那顺趁机发动政变篡（cuàn）了位。阿罗那顺听说大唐派使团来了，以为是来找自己的麻烦的，又贪图使团带的金银绸缎，就派了一队兵马去攻打大唐的使团。

整个使团才三十多人，怎么敌得过兵强马壮、气势汹汹的正规军？但王玄策没有投降，而是带领使团成员，英勇地与敌人展开了激战。他们用精湛（zhàn）的箭术，击退了敌人一次次进攻。但很快箭支就用光了，在又一波敌人冲上来的时候，王玄策等人只能被俘。

人员被抓，礼物被抢，王玄策却没有放弃希望，每天都在想办法逃走。终于，在一个晚上，他趁着守卫不严，带着一个副使逃了出去。他们骑着骏马，一路上马不停蹄，跑到了吐蕃。

王玄策领兵杀回摩揭陀

王玄策向吐蕃借了一千二百名精兵，又向尼泊尔借了七千多

骑兵，然后和副使一起带着大军，浩浩荡荡地杀了回去。

王玄策的部队受到了印度很多国家的支持和拥护，获得了许多的粮草物资，还有珍贵的地图。而阿罗那顺不得民心，国内混乱，根本不是王玄策的对手。王玄策与阿罗那顺激战三天，大败阿罗那顺，消灭和俘虏了无数敌军，还攻破了摩揭陀的都城，救出了使团的同伴。阿罗那顺带着家人逃往城外，没多久就被抓住了。

这一战之后，王玄策的名声传遍了印度。不过他没有在印度待太久，就押送阿罗那顺经尼泊尔和吐蕃返回长安，还带回了两名制糖工匠，圆满完成了出使任务。唐太宗给了王玄策丰厚的赏赐，还提升他为朝散大夫。

王玄策立了大功，表现出了优异的才能，因此很快又有了第三次出使印度的机会。这一次终于轻松多了！在完成护送袈（jiā）裟（shā）的任务后，他在印度待了四年，欣赏了很多美丽的风景，参观了各地的佛教名胜古迹。他每到一个国家，都会受到当地的热情接待。

印度桑吉佛教古迹

这次回国后，王玄策将他在印度看到的、听到的都写了下来，编成了《中天竺国行记》。在这本书里，他记下了印度有哪些王国，各个王国有哪些风俗习惯，还有印度的宗教——特别是佛教——在当地是什么样的，以及印度各个地方的山川河流、名胜古迹、历史故事和民间传说。

这本书让唐朝的中国人了解了印度，有画家根据书里面的内容画出了精美的壁画，有僧人按照书里的路线去印度寻找佛教的圣地……两个国家的交流越来越多了。但不幸的是，这本书最后没有流传下来，它的大部分内容现在都已经丢失了，只有很少的残言断句在别的书里面出现。尽管这样，这本书也给现在印度人了解他们的历史，提供了宝贵的资料。

王玄策的功绩不止这些。他第二次出使时从印度带回的制糖工匠，为中国的制糖业做出了非常大的贡献。那时，唐朝的制糖技术很落后，所以糖是非常珍贵的东西。印度工匠在中国南方找到了甘蔗，做出了蔗糖。后来，中国人不断地提高制糖技术，也不断地学习外国的优秀经验，做出了跟今天的白砂糖基本一样的

糖，中国成了制糖的大国。后来中国的制糖技术，又沿着西南丝绸之路传回了印度，给他们带去了甜蜜。

西南丝绸之路的开拓也有着王玄策的功劳。从西藏到印度的道路虽然很早就有人走通了，但是一直很冷清，没几个人知道。王玄策几次出使印度之后，很多高僧都通过这条路西行求法，造纸术、造酒术和桑蚕养殖技术也通过这条路线传到了西藏和印度，这条道路才渐渐繁荣起来。中原、吐蕃和印度之间的交流越来越密切，大唐的盛名也沿着西南丝绸之路越传越远。

课后思考

1 你知道王玄策是怎么做到“一人灭一国”的吗？

2 王玄策为唐朝的制糖业做出了什么贡献？